Hans Wallhof   Bei Dir Zuhause

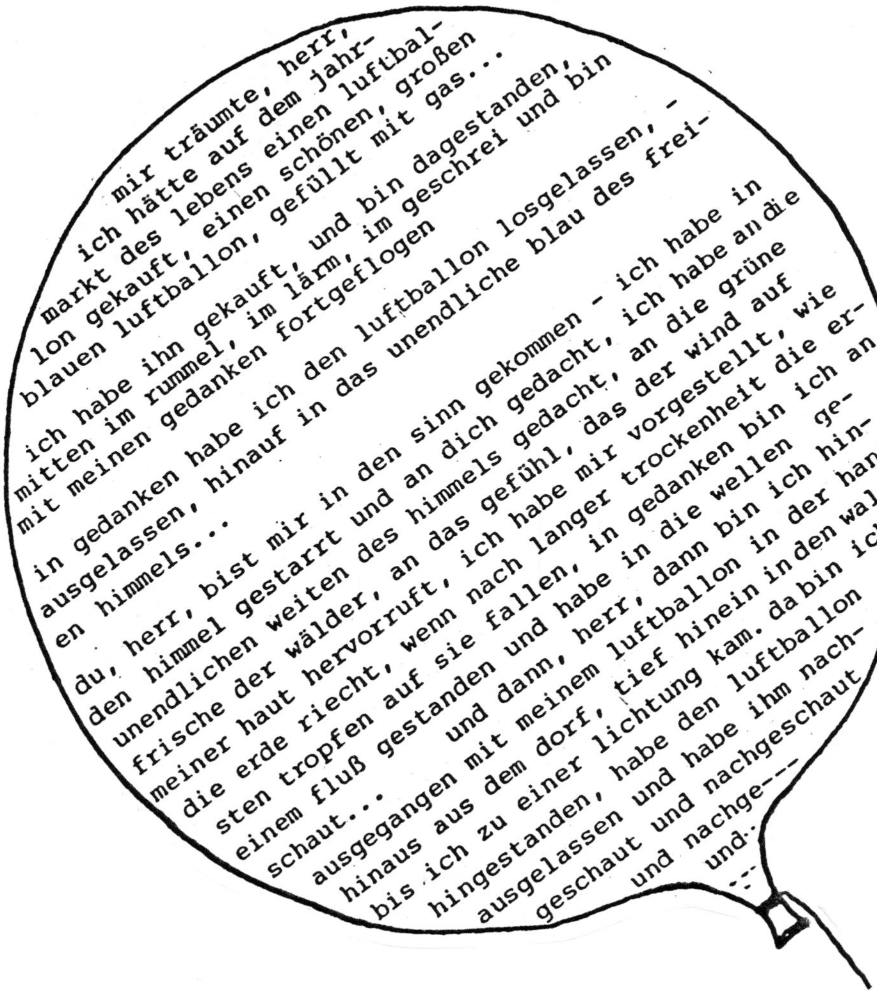

Recht viele solche
Stunden zum „Träumen“ –
vielleicht findest Du
hier ein paar gute
Zeilen dazu – das
wünsch' ich Dir!
Deine Monika

Hans Wallhof

Bei Dir Zuhause

Lob der Freundschaft

Walter-Verlag Olten und Freiburg im Breisgau

Hans Wallhof, Text
Fernand Rausser, Bilder

4. Auflage 1980

Layout: Karl Rüde, Olten
Satz, Druck und Einband
grafische Betriebe des Walter-Verlags
Printed in Switzerland
ISBN 3-530-91895-4

Im Geheimnis der fallenden Zeit

Die Zeit ist ein kostbares Geschenk. Jedoch ist sie zerbrechlich. Sie lebt aus wechselnden Gezeiten. Der Augenblick weicht in das Vergangene zurück. Das Jetzt stösst in das Kommende. Vergangenheit geht mit und besitzt auch Zukunft. Nur wenige Dinge überbrücken die fallenden Zeiten und retten sich aus wechselnden Gezeiten. Die Zeit, uns geschenkt und anvertraut, wird einmal einmünden in die grosse Vollendung. Wichtig im Lauf der fallenden Zeit sind jene Ereignisse, die unsere Vollendung in der Zeit bereits beginnen.

Im Rhythmus der bewegten Zeit

Im Alten Testament wird im Buch «Prediger» über die Zeit nachgedacht: «Alles hat seine feste Stunde. Seine bestimmte Zeit hat jedes Ding unter dem Himmel. Geborenwerden hat seine Zeit, und Sterben hat seine Zeit. Pflanzen hat seine Zeit, und Ausreissen hat seine Zeit. Töten hat seine Zeit, und Heilen hat seine Zeit. Niederreissen hat seine Zeit, und Aufbauen hat seine Zeit. Weinen hat seine Zeit, und Lachen hat seine Zeit. Klagen hat seine Zeit, und Hüpfen hat seine Zeit. Steine werfen hat seine Zeit, und Steine auflesen hat seine Zeit. Umarmen hat seine Zeit, und Fernsein vom Umarmen hat seine Zeit. Suchen hat seine Zeit, und Verlieren hat seine Zeit. Aufbewahren hat seine Zeit, und Wegwerfen hat seine Zeit. Zerreissen hat seine Zeit, und Zusammennähen hat seine Zeit. Schweigen hat seine Zeit, und Reden hat seine Zeit. Lieben hat seine Zeit, und Hassen hat seine Zeit (3,1–8).»
Dieses Geheimnis der fallenden Zeit und das Widersprüchliche in dem Wechsel der Zeit erfahren wir täglich. Trotzdem und gerade deswegen schauen wir nach dem aus, was uns Sicherheit in aller Unsicherheit gewährt, was uns Ruhe in aller Unruhe, was Entspannung in aller Spannung, was Hoffnung in aller Angst und was Freude in allen Tränen verheisst. Es sind dies allein die Gaben des Herzens und der Liebe. Sie glätten die Wechsel der Zeiten und sichern der fallenden Zeit die Überraschungen der Freude.

Freundschaft,
das Geschenk der Zeit

Gott hat uns unter das Gesetz der wechselnden Zeiten gestellt, dass wir die Zeit auskosten und auskaufen. Mit den Gaben des Herzens kaufen wir uns aus der Vergänglichkeit der Tage frei und sichern uns bereits in der zerbrechlichen Zeitlichkeit einen ewigen Besitz. Das Verschwenden an einem Du wird zur grossen Ernte in und über der Zeit. Was die Tage reich macht, sind die Kräfte des Herzens, die Offenbarungen einer Freundschaft. Ein Du zu wissen, um das einer kreisen, in das einer einziehen kann, gibt der Zeit einzigen Sinn, wobei dieses Du sich auf Gott oder auf einen Menschen beziehen kann. Dieses Du füllt die Zeit auf und aus. Das ist es eben, dass Freundschaft über die Zeitlichkeit hinausgreift und das Endlose und das Zeitlose einzufangen versteht. Wer bei einem anderen zu Hause ist und ihm selbst ein Daheim bieten kann, lebt doppelt.

Bilder und Gleichnisse

Wer über Freundschaft nachdenkt, den überfallen viele Bilder und Gleichnisse. Auch sie bleiben zwar bescheidene Versuche, diese gewaltige Kraft des Herzens anzudeuten. Bilder und Gleichnisse besitzen allerdings den Reichtum der Phantasie und leben von den spontanen Einfällen. Auch wenn der Geist sie ordnet und abwägt, bleiben das Glutvolle und Spontane zwischen den Zeilen hängen. Zur Freundschaft gehören immer Phantasie und Herz, Gemüt und Sinnenhaftigkeit, auch und nicht zuletzt die Führung des Geistes.

Ein Lob auf die Freundschaft übersieht geflissentlich Schwierigkeiten und Probleme, Grenzen und ungelöste Fragen. Das bleibt sachlichen Darstellungen vorbehalten. Ein Lob will nur dem Wunder des Herzens nachgehen und Empfindungen und Erfahrungen an ein geliebtes Du verschenken. Nur so ist dieses Lob der Freundschaft gedacht. Freundschaft ist Sonne im Geheimnis der fallenden Zeit. Sie ist die grosse Einladung an alle und bringt ein fröhliches Zuhause.

Haus

Freundschaft ist das Haus
der Geborgenheit.
Zwei Menschen bauen
seine Mauern.
Sie bilden Räume,
deren Türen sie allein
aufzuschliessen vermögen.
In den Kammern ihres Hauses
finden sie Zuvorkommenheit.
Rücksicht. Geduld.
Verstehen.
Sie erleben darinnen
die Spannung von Eroberung
und Hingabe.
Sie suchen den anderen
und finden mit ihm sich selber.
Sie lassen ihre Sympathie spielen
und jagen die Einsamkeit
in letzte Winkel.
Die eine Freundschaft erbaut
ein grosses Haus
mit vielen Räumen und Sälen.
Eine andere wagt sich an ein Schloss
mit verwinkelten Türmen
und blinkenden Spiegeln.
Eine andere nimmt es
mit einem Gartenhaus vorlieb,
verträumt mit dem Mond als Ampel.
Wieder eine andere
flieht die Romantik
und ihre Gefühle
und geht
in den vierten Stock
eines Miethauses.
Wieder eine andere baut
einen Arbeitsplatz
zur Wohnung
einer Freundschaft aus.
Welche Häuser
der Freundschaft
auch immer
errichtet werden,
immer ist Sympathie
der grosse Baumeister
und Begeisterung
der Innenarchitekt.
Sie laden ständig
und herzlich
ins Haus
der Freundschaft ein.

Mein Haus

Du bist mein Haus,
in das ich mich berge
und rette.
Du bist mein Dach,
unter dem ich
Geborgenheit finde.
Du bist mein Raum,
in dem wir uns begegnen.
Du bist mein Du,
in das ich mich verliere
und verschwende.
Du bist mein liebstes Zuhause.

Sonne

Freundschaft ist Sonne,
die in unser Leben rollt.
Am tiefen Horizont erwacht sie
und bringt alle Stunden des Tages
in die Höhe.
Feste der Freude feiert die Sonne
und füllt die Augenblicke
mit ekstatischem Leben.
Sie macht den Bogen der Stunden hell
und reich mit den Farben
des Lichtes.
Sie führt den Tanz der Zuneigung an
und wirbelt ihn an
grenzenlose Horizonte.
Sie sprengt die Enge
und fängt die Weiten ein.
Sie lässt die Felder des Lichtes
erblühen.
Wenn sie den Tag verlässt,
sendet sie ihre kleinen Boten
und Gespielinnen in die Nacht
und hütet so das Paradies
der Träume.

Meine Sonne

Du bist meine Sonne,
die mir Girlanden aus Licht
über meine Wege hängt.
Du atmest den Tag in den Morgen
und speisest alle Stunden
mit Feuer und Glut.
Du erhellst das Fenster des Abends
und rufst die Sehnsucht
nach Zärtlichkeit.
Immerfort ist die Sonne
Dein Gast.

Sie strahlt aus Dir
und wohnt in Deinem Lächeln.
Dein Haar wird zur Seide
und Dein Körper
zum funkelnden Edelstein.
Wenn ich Dich streichle,
fahre ich über zuckendes Feuer
und verbrenne mich nicht.
Du bist meine Sonne,
und mit Dir halte ich Sonne
in meinen Händen.

Meer

Freundschaft ist ein Meer,
das uns umbraust
und umspült,
das fasziniert und in Atem hält.
Schäumende Wasser
werfen Schleier
und entzünden die Farben
des Regenbogens
auf ihren weissen Kronen.
Wellen wiegen die Wasser
und aufbrausende Wogen
jagen die zischende Gischt
in wilder Schönheit
an die Küsten.
Der Atem der Unendlichkeit
lebt in ihnen.
Das Blau des Himmels
spiegelt sich
gesammelt und intensiv
in den Wassern.
In dunklen Tiefen nisten
die Geheimnisse.
Manchmal stossen sie empor
und offenbaren die Farben
und Lichter der Nacht.

Blumen blühen im Meer
und buntes Leben träumt
in ungezählten Formen.
Nachts verschwistern
sich die Sterne
mit den Wellen
und tanzen auf schier
endloser Fläche.
Im Meer
kann einer untertauchen
in Wasser und Licht.
Das Belebende, Frische,
das Springende des Wassers
teilen sich mit und steigern
Daseinslust zu Augenblicken
hellen Jauchzens.
In diesen Stunden
wird die Seele
vom Wasser bestimmt
und gestimmt
wie ein
empfindsames Instrument.

Mein Meer

Du bist mein Meer,
das mich umbraust
und in Atem hält.
Deine Liebe wirft mir
überschäumende Kronen zu
und die Schleier der Freude.
Du bist mein Meer,
das mich fasziniert
und das mich trägt und wiegt
und die Geheimnisse der Tiefen
offenbart.
Du sammelst wie ein Prisma
alles Blau des Himmels
und schenkst es
in graue und fahle Stunden.
Du bringst Blumen zum Blühen
und jeden Stein zum Träumen.
Du bist mein Meer,
in das ich unterjauchze
und das mich stimmt
wie ein klingendes Instrument.

Berg

Freundschaft ist eine gewaltige Höhe.
Ein Berg springt aus dem Leben
der Täler und Niederungen empor.
Er schmückt sich
mit Wäldern und Seen.
Er ist ein Magnet,
der das Leben anzieht
und mit seltenen Schönheiten
aufwartet.
Er erfüllt die Sehnsucht
nach Weite.
Er entrückt und bringt nahe.
Er imponiert mit Grösse
und namenloser Kraft.
Er führt das Leben in höhere Regionen
und bewahrt und versteckt
seine Geheimnisse.
Er behängt sich mit Schneefeldern
und baut Strassen aus Eis und Firn.
Er ziert sich mit grünen Gürteln
und den Augen scheuer Blumen.
Die Sonne bewirft ihn am Morgen
mit hellem Licht.
Sie rastet in der Höhe des Mittags
auf seinen Türmen und Graten.
Sie überflutet ihn zur Stunde
des Abends
mit rotem Glanz
und stickt Sterne
in die Schleier der Nacht.
Berge sind erstarrte Tänze
aus den Orkanen der Urzeit.
Sie hüten die Kräfte
aus Jahrtausenden.
Berge schweigen.
Sie drängen sich nicht auf.
Sie sind von
vornehmer Zurückhaltung
und laden dennoch
immerfort ein.

Mein Berg

Du bist mein Berg,
der Ort, wo die Erde
den Himmel berührt.
Ich brauche Dich,
um freier und ungezwungener
atmen zu können.
Deinen Geheimnissen
vertraue ich mich an.
Sie überraschen und überfallen mich
und schenken Vielfalt und Reichtum.
Du trägst mich in die Verzauberung
hoch oben über den Wolken.
Du bringst mich zur Höhe
und schenkst mir
die grösseren Horizonte
und den Zauber des Lichtes.
Auch wenn Wolken und Nacht
Dich verdecken,
spüre ich Deine vertraute Nähe
und den Schutz Deiner Kraft.
Mit Dir vermag ich
die Freudenfeuer der Liebe
und Zuneigung anzuzünden
und den Widerschein
an die Himmel zu heften.
Mit Dir beginnt für mich
der Himmel.

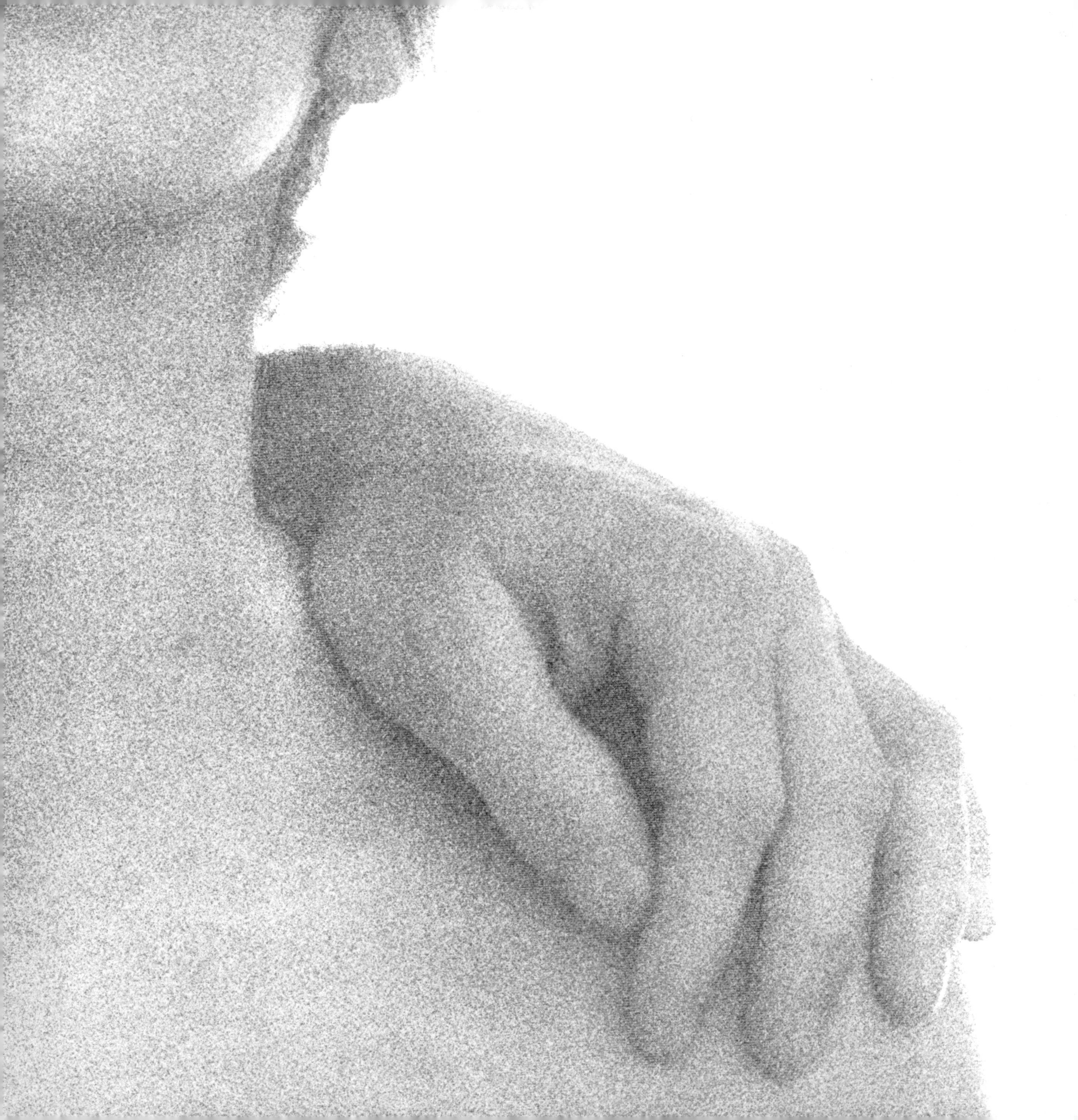

Wald

Freundschaft ist ein grosser Wald.
In ihm wohnen
die Geheimnisse und die Überraschungen.
Der Wald ist ein Schwamm,
vollgesogen mit Leben.
Eine Wabe, gefüllt mit
emsigem Treiben.
Ein Netz, das vielfältigen Reichtum
gefangenhält.
Der Wald überspielt
Berge und Hügel.
Er begleitet Bäche und Ströme.
Er sichert die steilen Hänge
der Täler.
Er macht einfach schön.
Er speichert den Segen der Wolken.
Er wehrt den Winden
und stemmt sich
gegen die Gewalt der Stürme.
Er schirmt die sengende Glut ab
und verweigert der schneidenden Kälte
den Eintritt.
Der Wald schützt.
Im Walde weben Licht und Nebel.
Im Walde ruhen Stille und Schweigen.
Im Walde überraschen Schönheit
und üppige Fülle.
Der Wald weckt das Staunen.

Mein Wald

Du bist mein Wald,
der mich in seine Geheimnisse
und in die Verschwiegenheit
seines Lebens lockt.
In Deinen Dämmerungen
warten Seligkeit und Glück.
Die bunte Spur Deiner Tage
überspielt meine Tage
und sichert meine Stunden.

Deine weiten Gewölbe
machen mich still
wie in einer Kirche
und froh zugleich.
Du machst mich schön.
Du weckst mein Staunen
und das stumme Gebet für Dich.

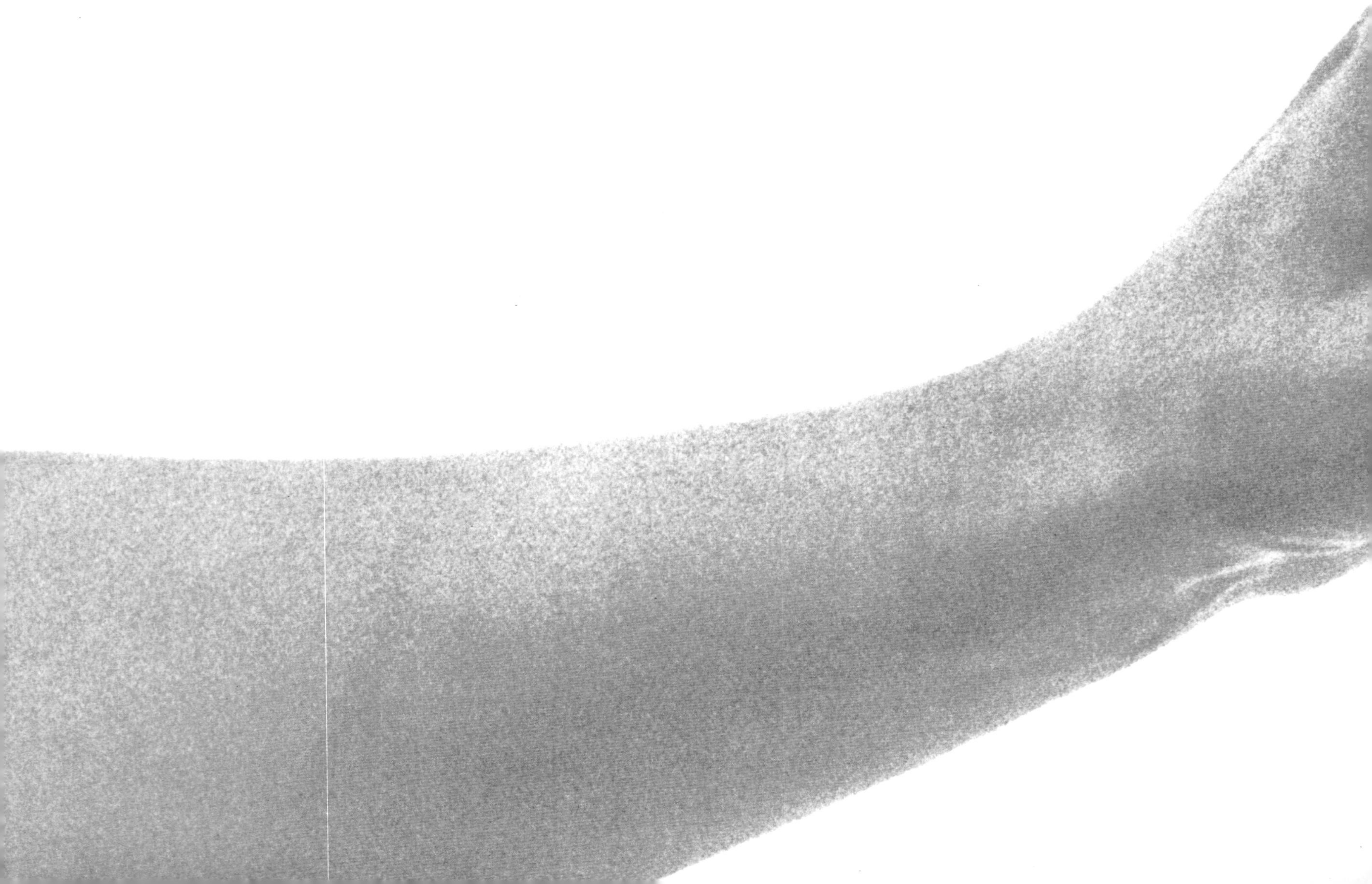

Fluss

Freundschaft ist ein lustiger Bach
und ein gewachsener Strom.
Seine Wasser sind ein Fahrzeug
des Lebens.
Wohin sie kommen,
schaffen sie Leben
und geben den Feldern
reichen Segen.
Voller Übermut braust der Bach
in die Wiesen.
Mit tausend verrückten Einfällen
tobt er in die Welt hinein.
Ihm sitzt der Schalk im Nacken.
Spitzbübisch tritt er
über die Ufer
und strolcht in die Wiesen hinein.
Es ist nicht leicht,
seine wilden Wasser
in ein geordnetes Rinnsal
zu betten.
Gerade seine Purzelbäume
des Übermutes
legen ihn nicht fest
und machen ihn so lieb.
Dann wächst er zu einem Fluss
und trägt das Leben.
Breit und stark zieht er dahin.
Er führt Schiffe und Lastkräne.
Fähren überqueren ihn.
Fischer legen Netze aus.
Sie kennen seinen Reichtum.
An vielen Stellen
wird der Strom gestaut.
Die Kraft
der gesammelten Wasser
erzeugt ungeahnte Energien.
Er schenkt Erfrischung
und belebendes Bad.
Selbst Träumer am Ufer
zieht er an,
wenn Wolken im Wasser weiden
und Wellen sich in Wolken
zu spiegeln scheinen.
Die Wasser eines Baches
und Stromes
nehmen Rücksicht
auf die Formen des Geländes.
Sie passen sich an.
Sie gehen über Abgründe
und verzagen nicht.
Sie gleiten ruhig hin
und bilden Tiefen
und erinnern so
an die gespeicherte Weisheit.
Sie stellen sich Schwierigkeiten
entgegen und überwinden sie.
Sie müssen es sich gefallen lassen,
schmutzig zu werden,
und erneuern sich doch wieder.
Auch wenn sie viele Windungen
durchlaufen,
sie eilen immer geradeaus.
Sie finden immer das grosse Ziel
ihres Strömens und ihrer Unruhe,
das Meer, und tauchen
in die Unendlichkeit unter.

Mein Fluss

Du bist mein Fluss,
mein grosser Strom,
der mich trägt.
Du entführst mich
in ein anderes,
mir unbekanntes Land.
Du schliessest mir
neue Horizonte auf.
Du bringst mich über Tiefen
und errettest mich
aus aller Trägheit.
Du machst mich quicklebendig.
Mit Dir gleiten
die eintönigen und gefährlichen Ufer
schnell vorüber.
Du spiegelst den Himmel
und erfrischst mich köstlich.
Du verstehst, Dich mir anzupassen,
und reisst mich
mit Dir fort.
In Deinem Überschwang
bist Du mir
ein lustiger Bach.
Deine Einfälle
lassen mich reichlich
auf den Wiesen der Freude
Sterne und Blumen pflücken.

Liebe durchpulst mich
wie ein Strom.
Mit Dir schäume ich
über die Ufer
und lasse mich doch
von Deinen Ufern fangen
und von Dir tragen,
bis die Unendlichkeit
uns umfängt.

Wein

Freundschaft ist Wein,
funkelnd und feurig im Glase.
Der Weinstock lebt aus der Schwermut
steiniger Erde,
hat aber stets den Tau des Morgens
und das Gold des Abends
und die Glut des Mittags
zu Gefährten.
Der Wein ist eine Mischung
aus Himmel und Erde.
Sonne aus einem ganzen Sommer
fängt er ein.
Kühle aus erfrischenden Nächten
ruht in ihm.
Herzliches Lachen aus hundert Tagen
kellert bei ihm ein.
Wein verzaubert die Farben
von Tagen und Nächten
in das fliessende Gold.
Wein ist die Seele festlicher Stunden
und das Siegel liebender Begegnungen.
Wein ist der Trost im Weinen
und die Apotheke des Kummers.
Wein ist das Schloss der Träume
und das Amen des Erfolges.
Wein ist der Pulsschlag der Hoffnung
und das Herz der Liebe.

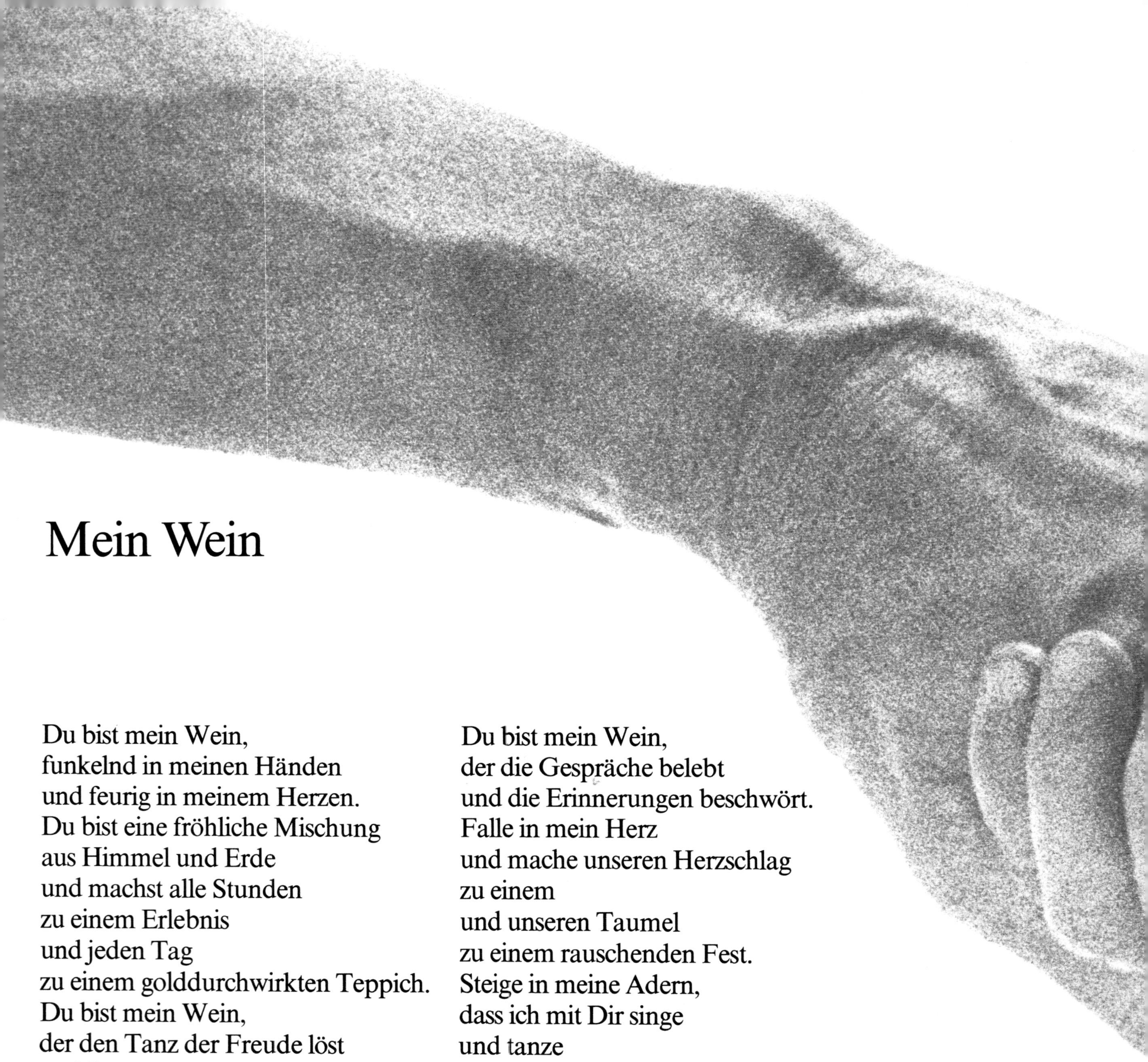

Mein Wein

Du bist mein Wein,
funkelnd in meinen Händen
und feurig in meinem Herzen.
Du bist eine fröhliche Mischung
aus Himmel und Erde
und machst alle Stunden
zu einem Erlebnis
und jeden Tag
zu einem golddurchwirkten Teppich.
Du bist mein Wein,
der den Tanz der Freude löst
und ihn auf alle Strassen
und Plätze zu wirbeln heisst.

Du bist mein Wein,
der die Gespräche belebt
und die Erinnerungen beschwört.
Falle in mein Herz
und mache unseren Herzschlag
zu einem
und unseren Taumel
zu einem rauschenden Fest.
Steige in meine Adern,
dass ich mit Dir singe
und tanze
bis an die Tore
der Seligkeit.

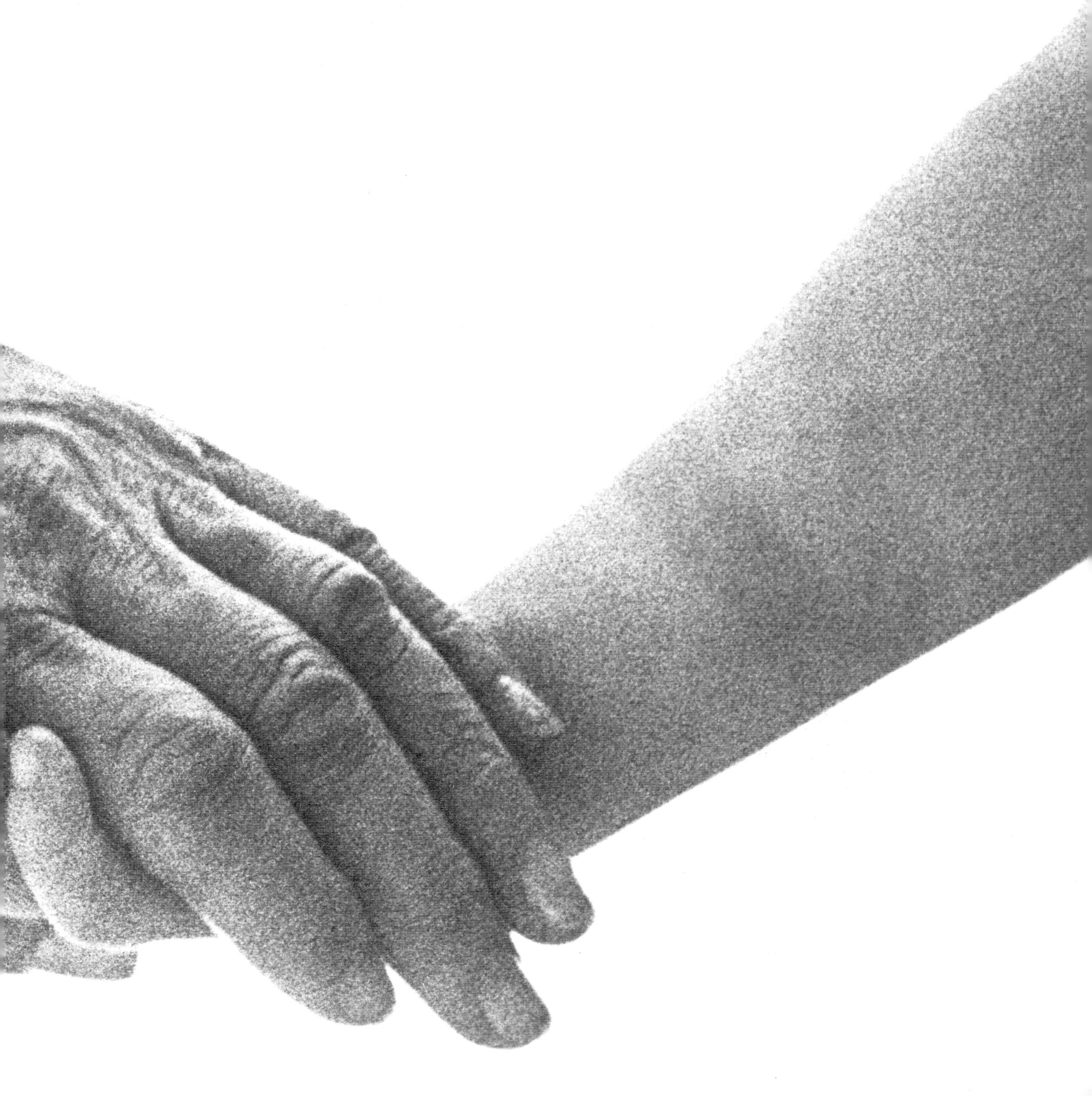

Brücke

Freundschaft ist eine Brücke.
Zwei getrennte Ufer
schliessen Brücken zusammen.
Sie verbinden.
Sie überspannen
Schluchten und Tiefen
und machen den Lauf des Weges
einfach und unbeschwerlich.
Von Brücken lässt es sich leicht
auf das fliessende Wasser
herabschauen.
Die Liebe zweier Freunde
ist eine Brücke.
Alles, was verbinden
und einen kann,
ist eine Brücke:
Das Verstehen. Das Dienen.
Der Humor. Das Lachen.
Die Gastfreundschaft. Der Gruss.
Das freundliche Wort.
Die Anerkennung. Das Verzeihen.
Das Opfer. Das Gebet.
Die Treue. Das Spiel.
Die Zärtlichkeit. Die Ekstase.

Mit dir, zwei Worte
schlagen
den Brückenbogen
vom Ich zum Du,
vom Du zum Ich,
und tragen
die lebendige Kraft
der Herzen.

Meine Brücke

Du bist meine Brücke.
Du holst mich
aus meiner Einsamkeit
ins volle Leben.
Du schenkst mir den Reim,
den mein Wort sucht.
Du nimmst mich
in das Spiel Deiner Liebe,
in die Vielfalt
Deiner Zärtlichkeiten
und an alle Ufer der Ekstase.

Deine Zuneigung spannt
einen grossen Bogen
in das Paradies der Liebe,
zu den sprudelnden Quellen
der Freude
und zu den Bäumen,
in denen die Träume reifen.
Du bist meine Brücke,
die selbst Gott erreicht.

Insel

Freundschaft ist eine Insel,
die Seligkeit verheisst.
Mitten im Meer schwimmt sie,
losgelöst vom festen Land.
Sonne und Wellen,
Strand und Wasser
feiern eine ewige Hochzeit.
Eine Handvoll Erde ist sie,
in bewegte Wasser geworfen
und überwachsen
und durchflutet
vom Reichtum des Lichtes.
Sie wartet mit Überraschungen auf,
weit draussen,
wo das Leben der vielen verklungen
und der Tanz aller vergessen ist.
Wer zu ihr stossen will,
muss das Wagnis des Wassers
auf sich nehmen
und die Tiefen des Meeres überwinden.
Wer auf sie stösst
und sich ihr verschwistert,
findet einen springenden Garten,
den Tanz von Bergen und Hügeln,
das Lied der Bäume und Sträucher,
eine stets offene Tür,
ein gastliches Haus
und einen reich gedeckten Tisch.

Wer den Fuss auf sie setzt,
kommt ins Paradies,
wo Verliebtheit und
Geborgenheit wohnen,
wo die Begeisterung
Feste feiert
und jede Dämmerung
zarte Begegnungen bringt.
Wer einmal in diese Insel
sich verliert, findet kein
anderes Zuhause mehr.
Er fand
in die Seligkeit heim.

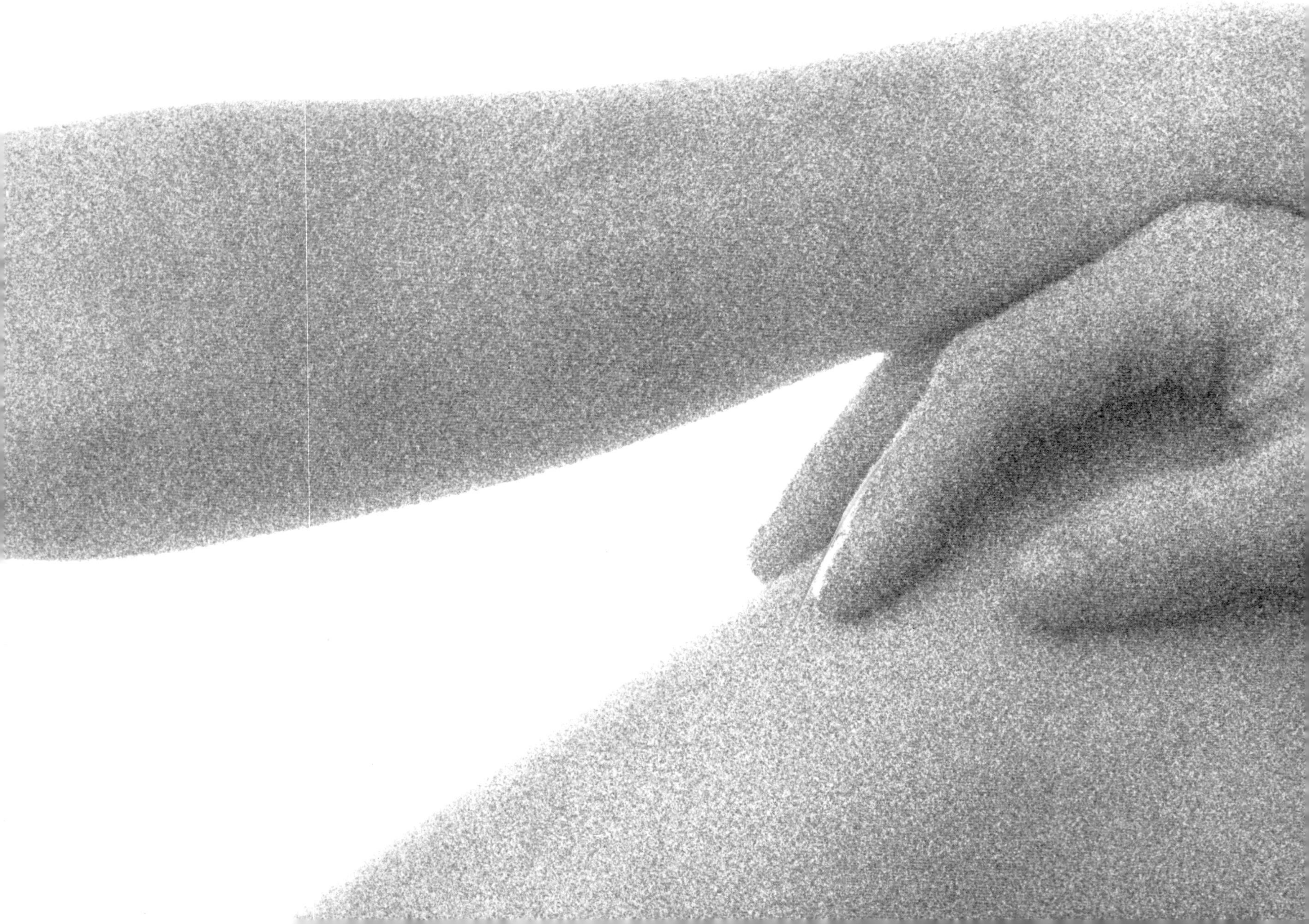

Meine Insel

Du bist meine Insel.
Das Schiff der Sympathie
fährt auf Dich zu.
Ganz schwach liegt der Horizont.
Immer klarer werden die Linien.
Immer deutlicher erkenne ich
Berge und Wald, Ufer und Strand,
Fels und Küste.
Immer lebendiger werden die Farben.
Immer leuchtender die Sonne über Dir.
Immer schneller das Schiff.
Immer jagender der Motor.
Ich komme und lande
in Deinem Reichtum.
Ich will mich an Dich verschwenden.

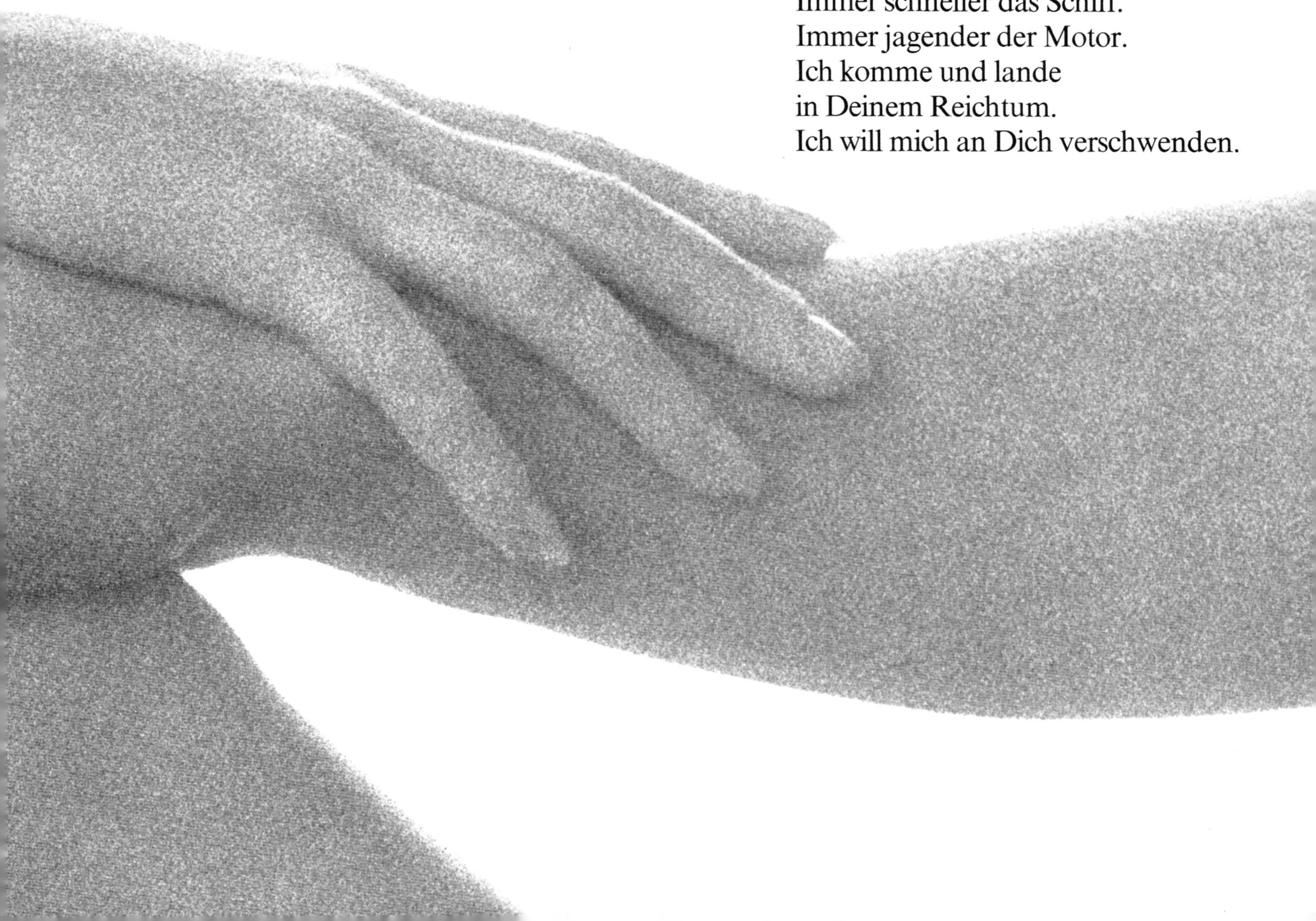

Sternenbild

Freundschaft ist ein Sternenbild,
silbern eingeschlagen
auf den Samt der Nacht,
eingebettet in den grossen Kreislauf
der Lichter.
Wenn die Stunden nach Zärtlichkeit rufen,
erwachen die Bilder der Sterne
und geben Weisung und Trost.
Sie führen wenigstens
in Träumen zusammen
und streuen das Lächeln
in den Schlaf.
Die kleinen Zeichen der Sympathie,
fast nebenher in den Tag geworfen
und unscheinbar in die Stunden verschenkt,
wachsen im verdämmernden Dunkel
zu entfernten Lichtern
und zu gewaltigen Sternenbögen.
Sie kreisen über uns
und holen uns heim
in die grosse Geborgenheit.
Unentwegt gehen die Lichter mit uns
und verlassen uns erst,
wenn die Sonne sie aus der Nacht
zur schlafenden Ruhe einsammelt.
Auch in der Nacht
strahlt im Sternenbild
das Feuer der Freundschaft.

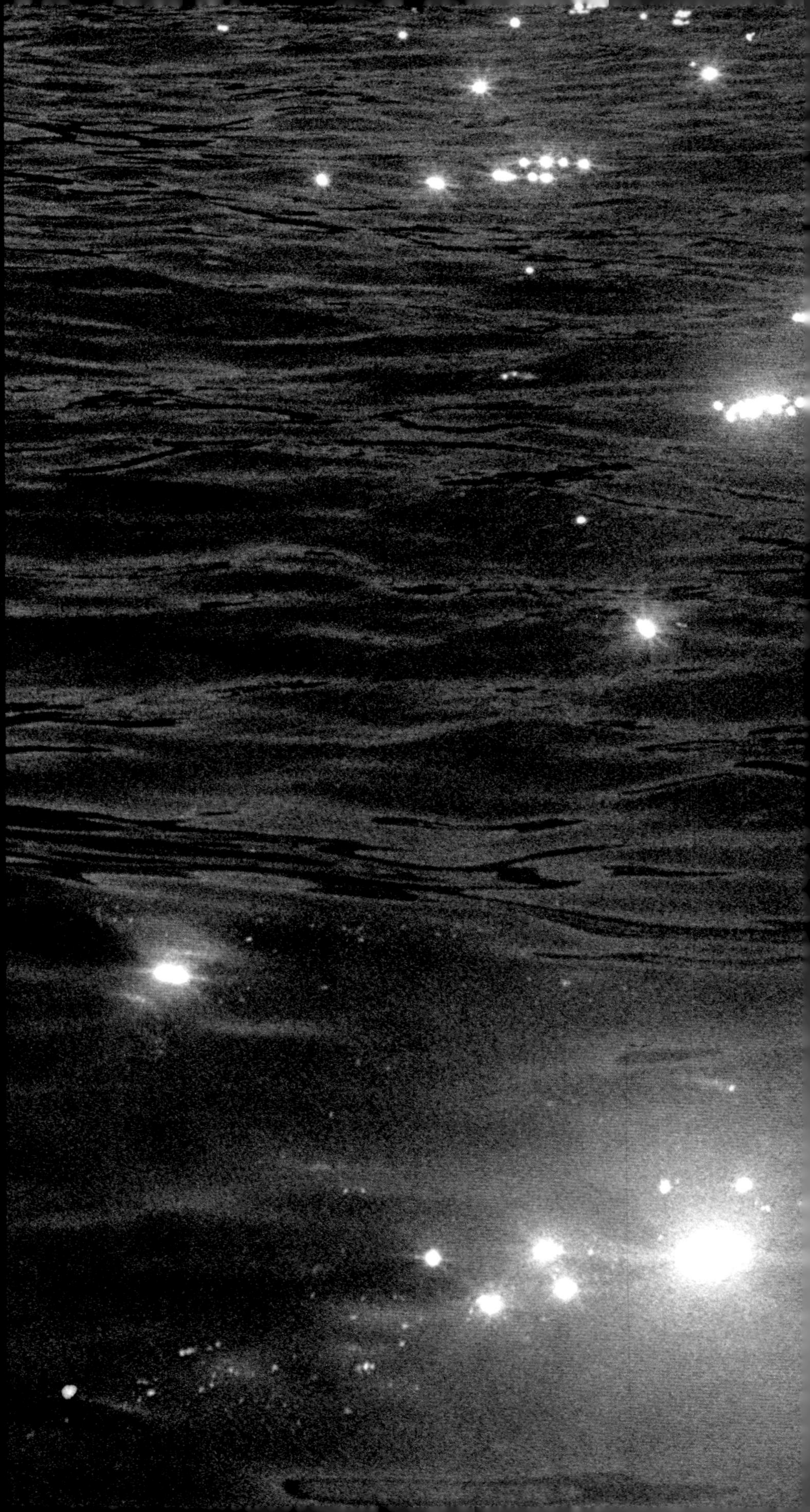

Mein Sternenbild

Du bist mein Sternenbild.
Dein Name steht gross
am Himmel geschrieben.
Er füllt das All.
Er träumt an den Ufern
der Ewigkeit.
Er spielt mit Sternenbögen
und Lichtern der Urzeit.
Du bist mein Sternenbild,
liebstes Spiel der Nacht.
Du bewegst den Strom der Träume
und säst selbst noch nachts
das Lächeln um mich her.

Du bist mein kostbarster Edelstein,
in dem alles Licht
sich tausendfältig bricht.
Ins Unendliche erhoben,
wächst Du zum Sternenbild,
das über mich wacht
und mich von allen Enden der Welt
heimholt in den gewaltigen Kreislauf
der Lichter
und in Deine grosse Geborgenheit.

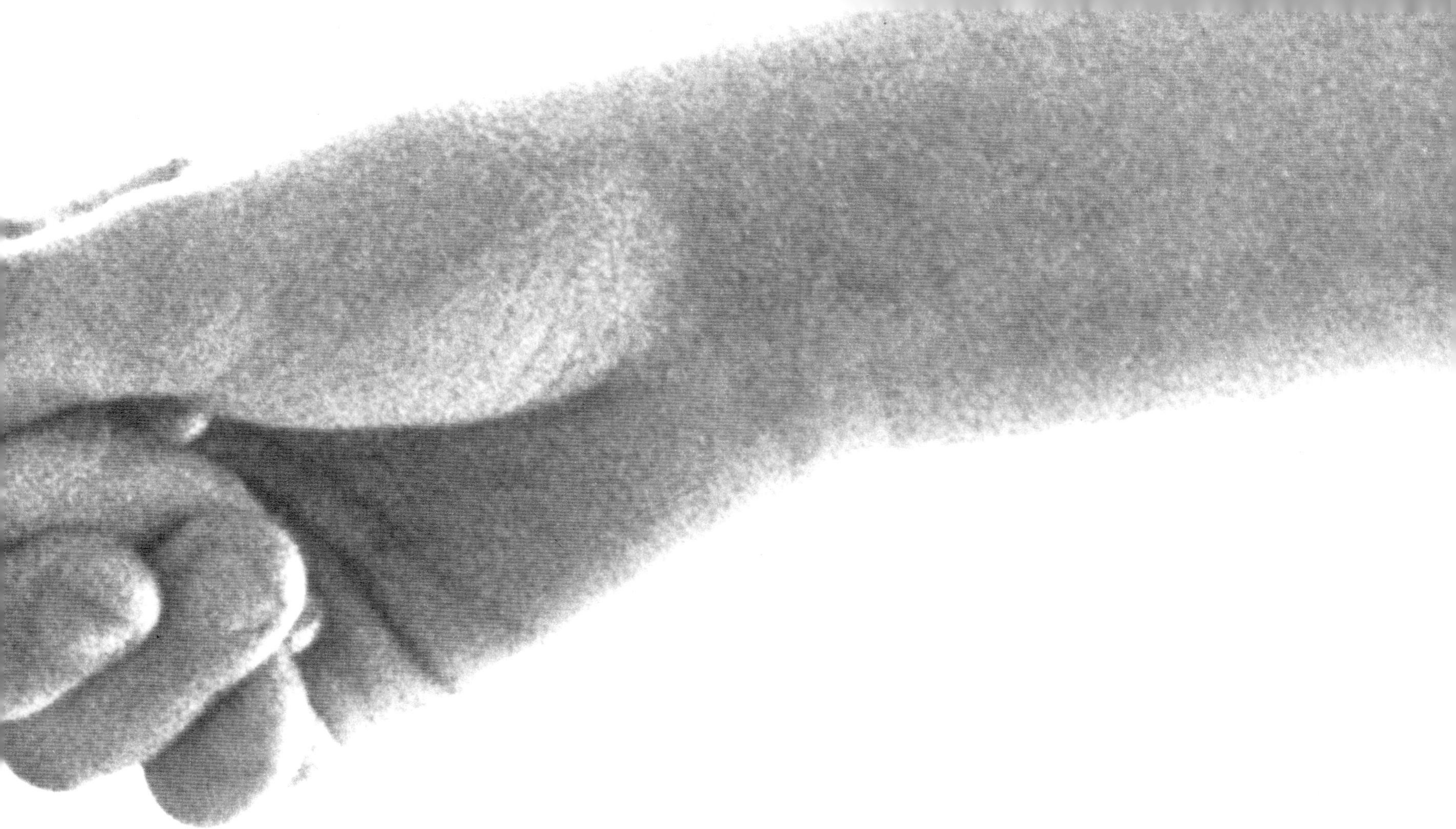

Baum

Freundschaft ist ein Baum.
Scheinbar lebloser Stamm
und unsichtbare Wurzeln
tragen ein wogendes Haus
kräftigen Lebens.
Licht wohnt im Geäst,
das weite Schatten wirft.
Früchte wachsen heran.
Vögel und Sonne nisten
in den Zweigen
Bäume sind Zeichen
sich entfaltender Kraft.
Sie fangen Sonne ein
und wachsen mit den Ringen
eines Jahres.
Sie machen die Landschaft
feierlich.
Ihre grüne Farbe ist ein Zeichen
der Hoffnung und Zuversicht.
Wie hilfreiche Stäbe
stehen sie an den Strassen
des Wanderns.
Aus Bäumen entsteht ein Haus.
Die tragenden Balken.
Das schützende Dach.
Die bergende Wand.
Der Baum trägt die lustigen Gewänder
der Jahreszeiten.

Mein Baum

Du bist mein Baum.
Stark und kräftig stehst Du
an meinem Weg.
Du beschattest mein Wandern.
Für mich fängst Du
das Licht ein
und lässt ungewohnte Früchte
reifen.
Du trägst das wogende Haus
bewegten Lebens,
um mich zu überschütten.
Deine grüne Farbe schenkt mir
Hoffnung und Zuversicht.

Bei Dir finde ich
verborgene Kräfte.
Mit Dir bringe ich
hundertfältige und
tausendfältige Frucht.
In Deinen Zweigen
entdecke ich das Lied
seliger Zweisamkeit
und in Deinem Geäst
das verliebte Konzert
Deiner vielen Stimmen.

Frühling

Freundschaft ist Frühling.
Mit ihm bricht neues Leben
aus der schlafenden Erde.
Er läuft über
Hügel und Berge,
schmiegt sich
in Täler und Winkel
und hisst mit leuchtenden Farben
die Fahnen
fröhlichen Daseins.
Frühling führt
aus dunklen Nächten
eine helle Sonne empor
und vermittelt erneuten Beginn.
Frühling ist Knospe
und verwahrt
die Überraschung der Rose.
Frühling ist nicht nur
eine Jahreszeit.
Frühling ist Gefährte
aller Zeiten im Jahr
und Motor eines jeden Tages.
Frühling ist
ein strahlender Morgen,
der auch im Mittag
zugegen ist
und den Abend mit Hoffnung erfüllt.

Frühling und Morgen
sind steter Aufbruch
und Verheissung
zu noch grösserer Erfüllung.

Mein Frühling

Du bist mein Frühling.
Mit Dir bricht
neues Leben bei mir ein.
Du entreissest mich
der dunklen Tage
und ziehst zu allen Stunden
die wehenden Farben empor.
Du überblühst mich
mit der Fülle Deines Wohlwollens.
Du rufst alle Knospen und Blüten,
meine Wege und Schritte
freundlich zu begleiten.
Deine Zuneigung ist so zart
wie das lichte Grün des Morgens.

Du bist mein Frühling,
der auch in der Ernte des Sommers
und im Farbenspiel des Herbstes
und im kristallnen Glanz des Winters
bei mir ist.
In allen Gärten des Lebens
erwarte ich Dich.
In jedem Park
treffe ich Dich.

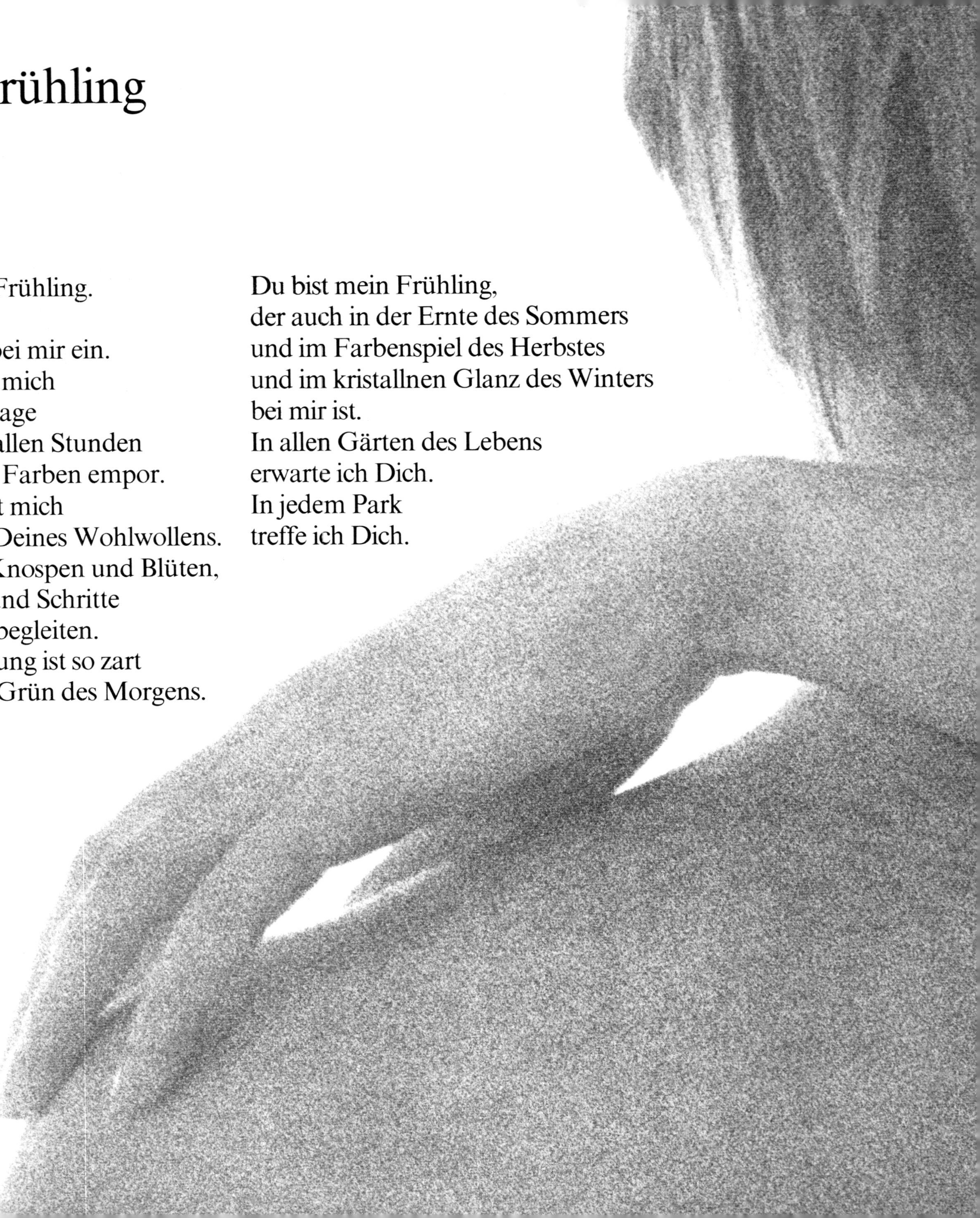

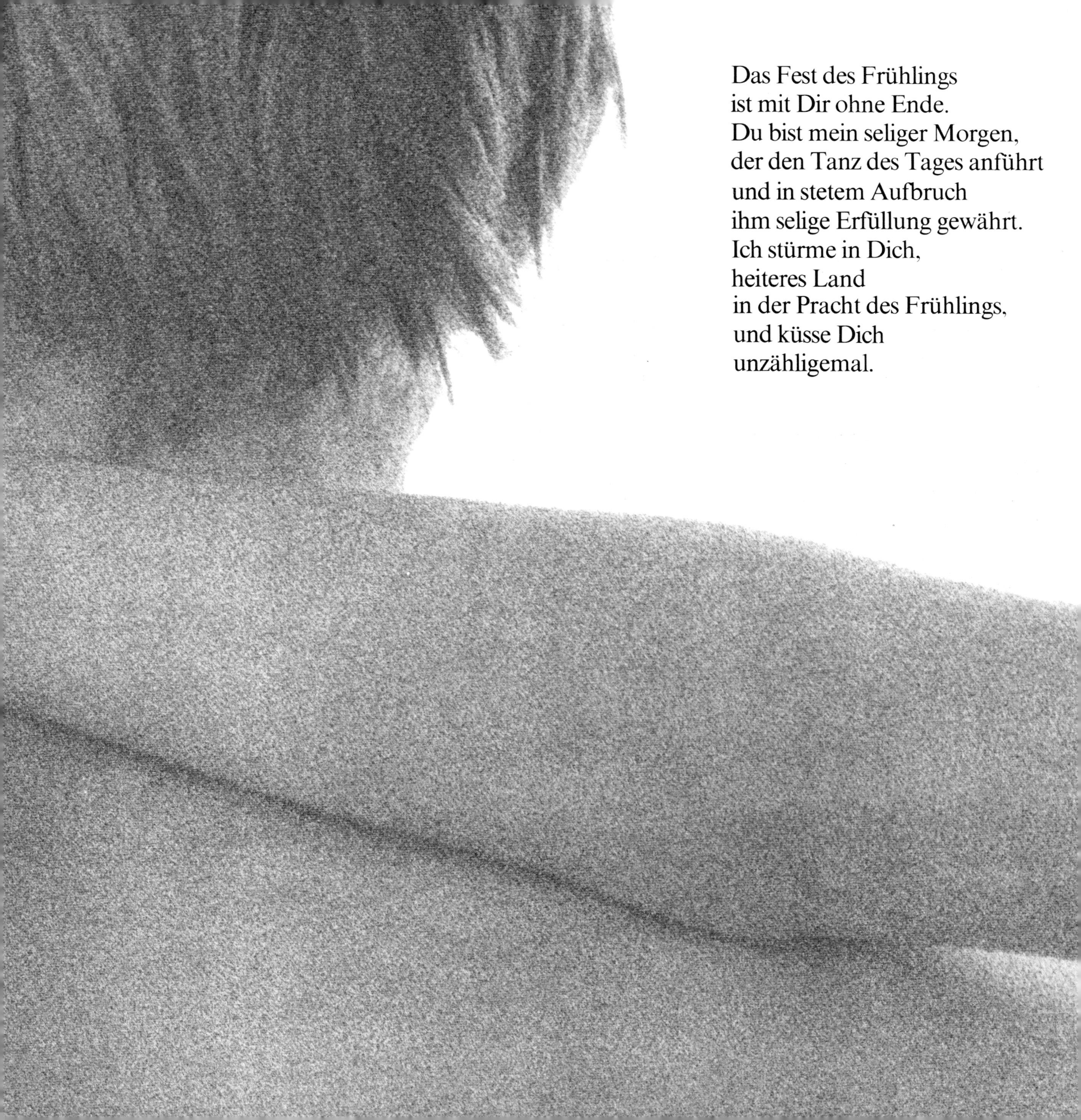

Das Fest des Frühlings
ist mit Dir ohne Ende.
Du bist mein seliger Morgen,
der den Tanz des Tages anführt
und in stetem Aufbruch
ihm selige Erfüllung gewährt.
Ich stürme in Dich,
heiteres Land
in der Pracht des Frühlings,
und küsse Dich
unzähligemal.

Weg

Freundschaft ist ein Weg,
dem zwei Herzen
und vier Augen gegeben sind.
Wege geleiten immer
in neue Landschaften
und in grössere Weiten.
Wege zielen oft
in das grosse Abenteuer.
Wege sind Aufforderungen,
die Begegnungen zu suchen
und ihre Geheimnisse zu ergründen.
Die Schritte werden von der Sehnsucht
getrieben,
hinter den Bergen
das Land zu finden,
in dem das Glück der Liebe
zuhause ist.
Wege bringen zusammen
und bilden eine Einheit.
Sympathie und Begeisterung,
Wohlwollen und Zuneigung
treffen sich
und nehmen ein Du und ein Ich
im Reigen der Verliebtheiten
mit sich fort.

Alle Wege,
die Freunde miteinander gehen,
führen immer
über Zeit und Raum hinaus.
Sie stossen immer ins Paradies,
wo Liebe und Freude
für immer wohnen,
mit vollem Hausrecht bei Gott.
Wege sind beschwerlich und lang,
dunkel und verschwommen,
gesellt sich nicht der Gefährte
des Herzens hinzu.
Die Liebe eines Freundes
sammelt alle Wege
zu einer grossen Garbe ein
und hält reiche Ernte.
Der Weg zu einem Du
dauert eine Sekunde.
Der Weg mit einem Du
hält ein ganzes Leben an.
Der Weg um die Seele
eines Liebenden aber
bedarf einer Ewigkeit.

Mein Weg

Du bist mein Weg.
Ich laufe in Deine Hände
und in Dein Herz,
um nur noch mit Dir zu gehen.
Mit Deinen Augen
sehe ich alles klarer.
Mit Deinem Herzen
lebe ich meine Tage doppelt.

Aus der Verschwiegenheit
vergessener und leerer Tage
holst Du mich hervor
und bedenkst mich
mit grossen Namen der Freude.
Aus der Traurigkeit
enttäuschter und verweinter Stunden
befreist Du mich
und fliehst mit mir
auf dem Weg in das gelöste Lachen.

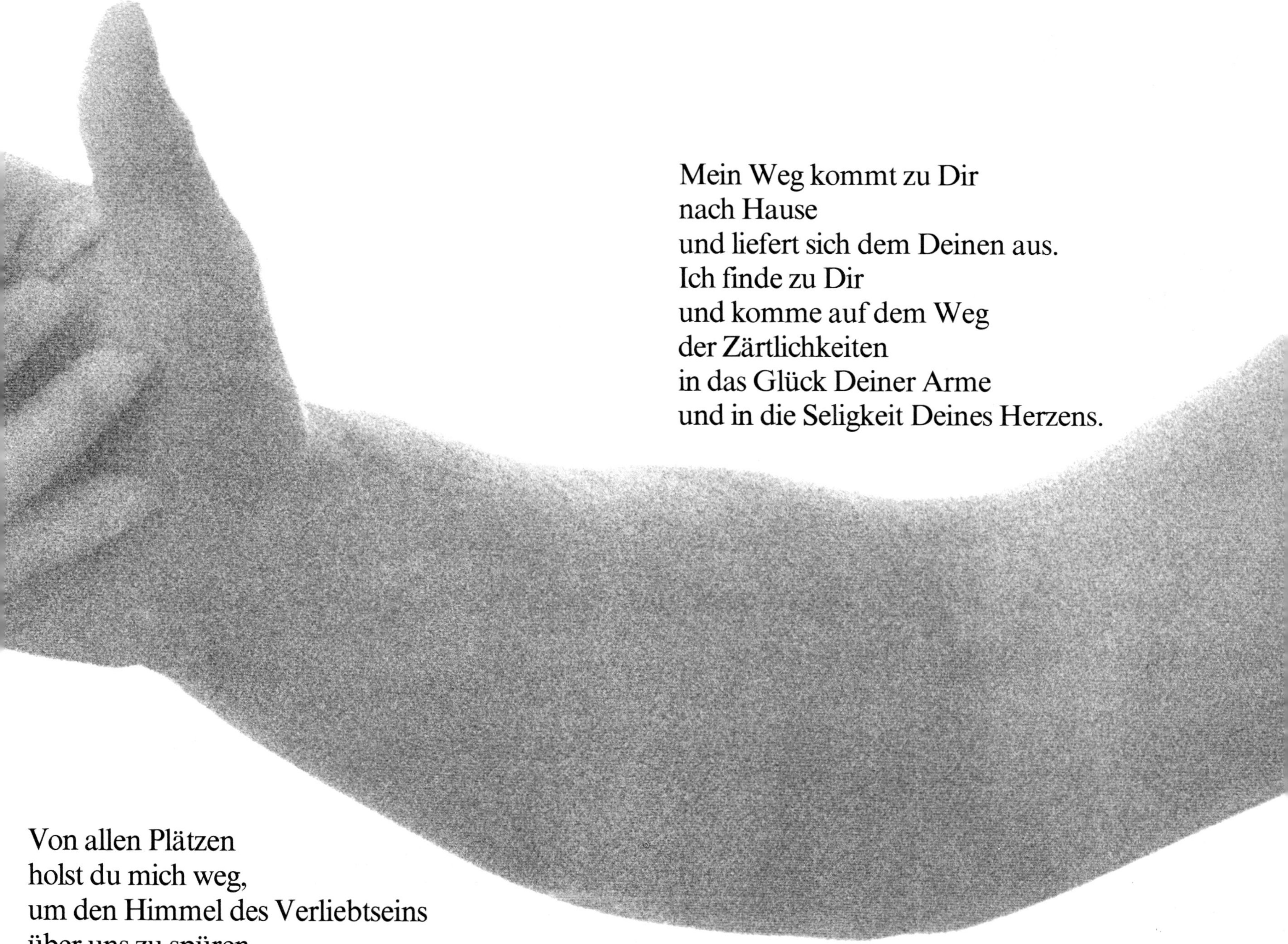

Mein Weg kommt zu Dir
nach Hause
und liefert sich dem Deinen aus.
Ich finde zu Dir
und komme auf dem Weg
der Zärtlichkeiten
in das Glück Deiner Arme
und in die Seligkeit Deines Herzens.

Von allen Plätzen
holst du mich weg,
um den Himmel des Verliebtseins
über uns zu spüren
und um mit Deinem Atem zu leben.
Du bist mein Weg,
auf dem ich tanze und springe,
auf dem ich mich verschwende
und selbst Gott finde.

Hände

Der französische Künstler Auguste Rodin (1840–1917) formte zwei Hände und nannte dieses Werk «Die Kathedrale». Zwei Hände steigen auf, sich zugewandt, neigen sich und umschliessen zwar einen engen Raum, dem aber der ganze Himmel und die selige Unendlichkeit versprochen ist. Jede Kathedrale ist heiliger Raum, abgesondert aus den lauten Strassen des Lebens, herausgeholt aus der Geschwätzigkeit nichtssagender Stunden. Eine Kathedrale sammelt und fängt ein. Sie nimmt die Gebete auf, die grossen Träume der Sehnsucht. Sie tröstet die Tränen und beruhigt das Weinen. Sie hütet die Lieder und die festlichen Gesänge. Sie heilt und stillt. Sie blendet ab und sammelt das Licht durch bunte Farben. Sie öffnet die Tore und entlässt im Namen eines liebenden Gottes. Eine Kathedrale lebt aus der Treue. Gott hat ihr seinen Segen verheissen. Was sie vermittelt, macht das Leben und jeden Tag zu einem Fest. Eine Kathedrale ist ein Haus, das Geborgenheit schenkt und in ein Daheim einlädt.

Wenn Rodin zwei einfache Hände nimmt, um eine Kathedrale erstehen zu lassen, hat er das Wesen der Hand genau erkannt und künstlerisch umschrieben. Die Hand ist auch der Schlüssel zur Freundschaft, der Schlüssel zu einem Heiligtum, der Schlüssel in ein Zuhause.

Gott gab uns die Hände, die Seele darin offen zu tragen. Sie wachsen zu Brücken in die Welt. Auf ihnen wandern Geist und Herz. Mit ihnen wagt sich Seele am weitesten vor.

Hände beherbergen Wunder der Welt. Sie sind im Reigen die Wellen leichten Spiels. Im Winken die Windmühlen der Freude. Im Beten die Brunnenkammern göttlicher Huld. In Gesten tauchen Inseln des Geistes empor. Hände fallen wie starke Ruderschläge in den Strom der Jahre.

Hände stellen den feurigen Spiegel des Lebens. Sie verzaubern und überraschen. Sie verschenken sich. Sie wecken Zärtlichkeiten. Sie klopfen an die Türe Gottes, verschlungenen und verliebten Händen Seele und Ewigkeit auszuliefern. Sie tragen Leben. Sind sichere Burg und geschlossene Tore, einladende Kathedrale und offenes Portal. In Händen wohnen die Werke der Barmherzigkeit, des Mitleids und des Trostes. Durch Hände öffnen sich Türen. Aus Händen springt Musik und entfacht Lächeln und wirbelnden Tanz. Hände offenbaren sich als

Pflugscharen der Arbeit. Sie bauen Strassen. Staudämme. Flugzeuge. Kirchen. Häuser. Uhren. Spielzeug. Sie schmieden Gitter und Schmuck. Sie rudern und erobern. Sie kochen und füttern. Sie waschen und stricken. Sie bedienen und beruhigen. Sie pflanzen und ernten. Wenn sie Früchte tragen, reifen aus langen Armen schwere Ähren.

Hände kommen als Gesandte Gottes. Sie reichen aus der Ewigkeit und segnen. Sie holen in Sakramenten die Schöpfung heim. Sie ketten die verlorene Welt an den Reichtum des Himmels. Die segnende Hand Gottes ist mehr als ein Symbol. Sie steht für ewige Freundschaft. Sicher ist auch: Hände können auch Raubtiere sein. Sie morden und quälen. Zerstören und verletzen. Drohen und begehren auf. Sie zerfleischen. Um so mehr warten Tage und Länder auf Hände, die mit Segen der Güte und Liebe beladen sind. Die aufbauen und aufrichten. Die Samen ausstreuen, der nicht nur in vergängliche Ernte keimt. Auf Hände, die lösen und erlösen.

Treffend umschrieb ein afrikanischer Dichter aus Senegal die Aufgabe der Hand: Eine Hand aus Licht liebkost meine Augenlider aus Nacht. Diese Umschreibung gilt im engsten Sinn für die Freundschaft. Die Hand öffnet eine Freundschaft und schliesst ihr Zuhause auf. Die Hand schafft den Kontakt und lässt Herz zu Herzen finden. Die Hand nimmt als äusseres Zeichen den anderen an und vereinigt Geist zu Geist. Die Hand, die dargebotene zumal, bekundet Bereitschaft, das Du anzunehmen und in das innerste Fühlen einzulassen. Die Hand trifft im Gruss auf den anderen und wird zum winkenden Wegweiser. Die Hand nimmt einen anderen zu sich und offenbart im Handschlag feste und fröhliche Gemeinschaft. Das Werk der Hand ist mehr als ein Handwerk im üblichen Sinn: es laufen Geist und Herz, Seele und Empfinden zu einer Begegnung zusammen. Die Hand streichelt und liebkost. Sie tröstet und beruhigt. Sie betet und fleht. Sie versöhnt und wischt Tränen ab. Sie ist ungestüm in der Freude und übermütig im Spiel der Liebe. Die Hand schliesst die Freundschaft auf.

Wenn einer sagte, am Anfang der Schöpfung war die Hand, so darf man schliessen: Im Anfang einer Freundschaft ist die Hand. Man kann mit Johann Wolfgang von Goethe ergänzen: Lass diesen Händedruck Dir sagen, was unaussprechlich ist.

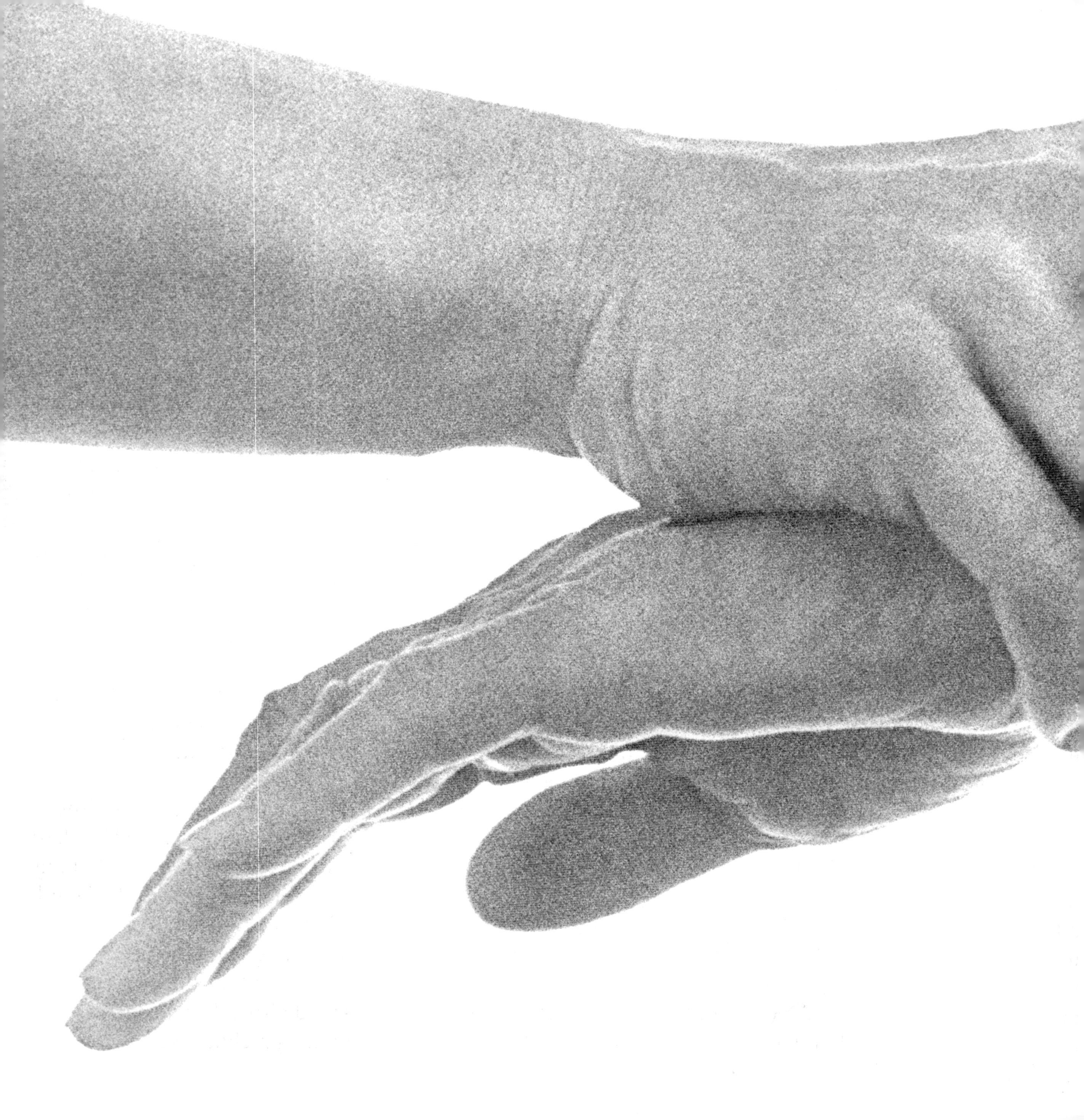

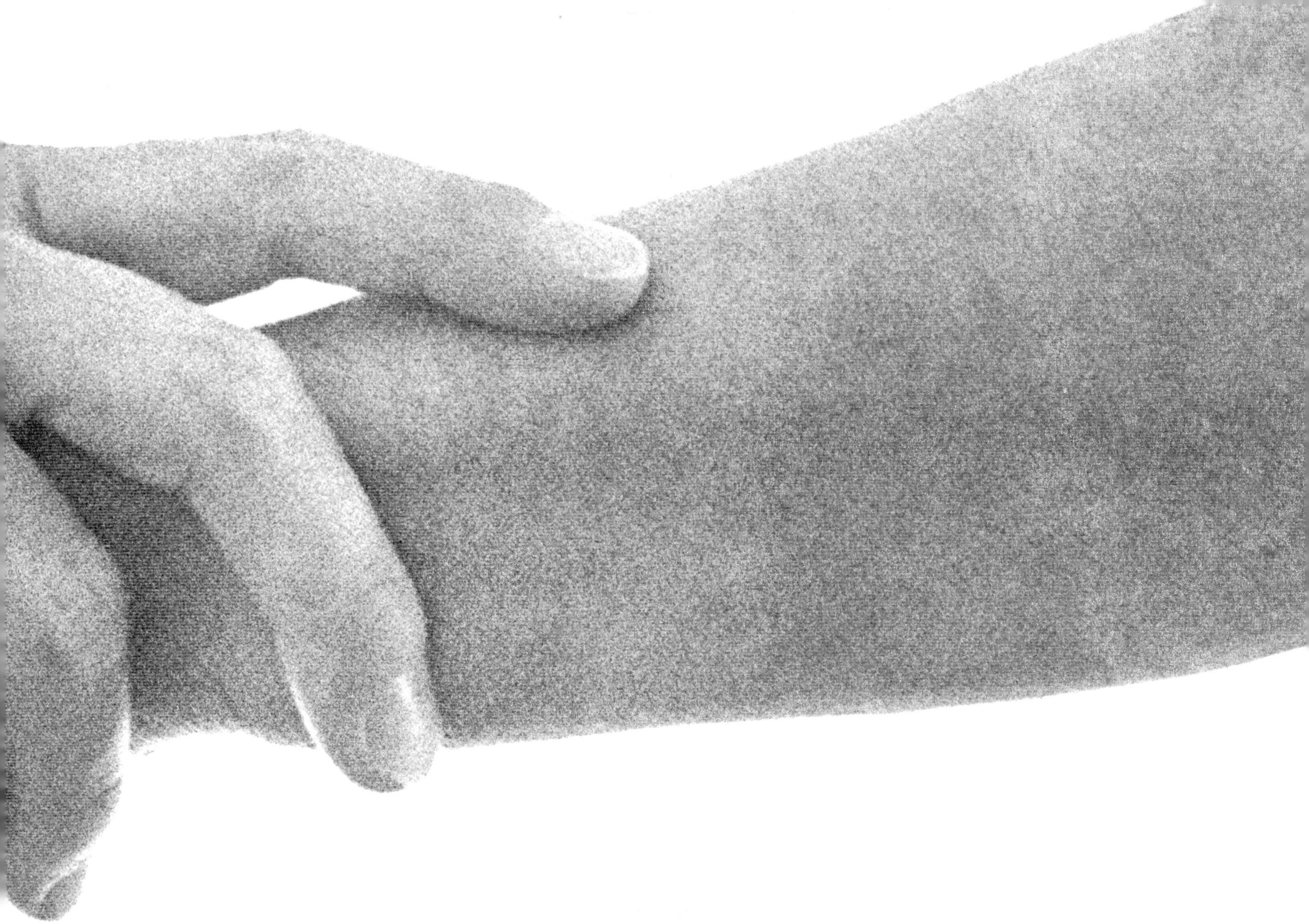

Meine Hand

Du bist Hand,
die mich trägt
und in die ich mich bette,
die mich führt
und Kraft mir verleiht.
Sie öffnet mir
das vertraute Zuhause
und die verborgenen Räume
der Zärtlichkeit.
Deine Hand will ich
ergreifen und begreifen
und sie an die meine ketten.
Deine Hand erbaue
mit der meinen
eine Kathedrale,
die unsere Gebete sammelt
und unsere Sehnsucht
in die geheimnisvollen Farben
ihres Lichtes führt.
Deine schützende Hand
schaffe den Raum
des Friedens
und liebkose mit Licht
meine Augenlider
aus Nacht.
Zaubere die Helle
in meine Dunkelheiten
und hole mich heim
in Dein übermütiges Spiel.
Deine Hand breche mir
das Brot,
das ich brauche,
und teile meiner Seele
die Gaben der Freuden aus,
ohne die ich erstarre.
Sie schüre in meinem Herzen
das Feuer der Zuneigung
und unterhalte die Flamme
der Begeisterung.
Sie löse und erlöse mich.
Deine Hand
nehme ich an
und öffne mir
ein Zuhause.
Deine Hand
schliesse mir
die Freundschaft auf.
Du bist die Hand,
die ich zitternd ergreife
und mit Küssen bedenke,
dass alles Unsagbare
und Fröhliche
zwischen Dir und mir
zu blühen und wachsen
und reifen beginne.

Die grosse Einladung

Deine Liebe ist wie ein Regenbogen, der sich mir um die Schultern legt. So heisst es in einem Lied. Und der Bogen ist auch wie ein Tor, das in die Freundschaft führt. Das zur Freundschaft einlädt. Der Regenbogen ist das zarteste Gebilde des Himmels. Gott nahm ihn einst im Alten Testament als Zeichen seines Bundes mit den Menschen. Auch die Freundschaft gehört zu den zartesten Dingen zwischen Himmel und Erde und sagt doch Gewaltiges aus. Das Wunderbare an Liebe und Freundschaft ist, dass sie uns in der Bereitschaft halten, einem Menschen zu folgen in all seinen Entfaltungen. Wir werden mit dem Menschen, den wir lieben, nicht fertig. Sein Bild ändert sich ständig. Unfassbar ist der Mensch, den man liebt. Nur die Freundschaft vermag, ein wenig von dieser Unfassbarkeit einzufangen. Der Regenbogen der Freundschaft deutet das Grossartige zaghaft an. Freundschaft ist die Entscheidung zu einem Bund. Und zu einem unentwegten Spiel seliger Farben. Zu den verderblichen Irrlehren unserer Zeit gehört die Empfehlung: Kümmere dich um dich selbst! Um dieser Irrlehre zu begegnen, steht der Regenbogen der Freundschaft am Himmel unserer Tage, der uns zum Wichtigsten einlädt: zum Du, zum seligen Du! Deine Liebe ist wie ein Regenbogen, der sich mir um die Schultern legt.

Geschenk und Versprechen

Freundschaft ist ein Ausbruch des Herzens. Ein Überströmen. Ein Sieg über das kleine Schneckenhaus, in das sich ängstlich das Herz zurückzieht. Alle Angst wird vergessen. Die Welt vor der Tür und der blaue Himmel werden in das Spiel einbezogen. Freundschaft ist das Geschenk an ein Du. Das Versprechen zu grössten Freuden und zu überraschenden Geheimnissen. Freundschaft ist Vertrauen. Restloses Vertrauen. Überzeugung, dass einer für den anderen wichtig ist. Dass einer den anderen nicht ausnutzt.

Dass jeder glaubt, sich nicht zu verlieren, wenn er sich verschenkt. Dass jeder stark wird, wenn er sich verschwendet. Dass keiner sich vor dem anderen verstecken muss, weil dunkle Ecken des Charakters verborgen bleiben müssen. Freundschaft ist der zögernde Versuch, dem anderen zu glauben, dass er es gut meint. Freundschaft ist eine grosse Verheissung, die in der Verschwendung sich erfüllt.

Sich selbst entdecken

Vor jeder Freundschaft liegt der Traum. Nach einem Du. Nach einer Erfüllung, zu der das Herz aufsteigen kann. Jeder versucht, sich selbst zu erkennen. Dem Leben einen Inhalt zu geben. Hinter sich zu kommen. In der

Begegnung mit einem Freund wird dieser Traum Wirklichkeit. Mit einem Freund geschieht das Wunder der Selbsterkenntnis. Weil einer sich öffnen muss, wird er wehrlos. Der Panzer fällt. Die Schablone bleibt zurück. Die Maske ist sinnlos. Er ist ausgeliefert. Das Risiko ist gross. Er kann jetzt für immer verletzt und abgewiesen werden. Er kann in seinen Träumen getötet werden. Er kann aber auch angenommen und bejaht werden. Dann legt die Freundschaft den Glanz der Erfüllung frei. Dann entdeckt die Freundschaft Talente, die ohne sie verkümmerten. Dann rollt die Freundschaft den Sonnenball in jeden Tag und spielt des Nachts mit den Sternen.

Freundschaft und Liebe

Freundschaft öffnet die Tore in den Garten der Liebe. In die Verzauberung des Verliebtseins. Freundschaft ist immer der überzeugende Freudenruf am Morgen, dass Hingabe nicht das eigene, private Leben zerstört, sondern erweitert und die Grenzen bis ans Grenzenlose verschiebt. Freundschaft ist der beruhigende Glockenschlag am Abend, dass alles Dunkle erhellt und alles Wartende erfüllt und alles Schwere leicht und alles Unruhige ruhig wird. Das Suchen findet letzte Geborgenheit und die Liebe das Spiel der Erfüllung.
Freundschaft ist ein Siegel. Furcht erzeugt Furcht. Misstrauen erweckt Misstrauen. Verzerrung gebiert Verzerrung. Offenheit, sei sie noch so gering, bringt Offenheit zutage. Vertrauen, sei es noch so schwach, lockt mehr Vertrauen hervor. Liebe, sei sie noch so vom eigenen Ich befangen und am Anfang sehr kleinlich, macht dem anderen die Antwort der Liebe leicht.

Entzückung und Ekstase

Freundschaft entführt in die Ekstase. Auf die Wolken der Entzückung. Auf die Wogen der Freude. Auf die Insel der Seligkeit. Freundschaft ist ein elektrisierender Tanz. Freunde sind Aufputschmittel. Allerdings steht die Ekstase nicht am Anfang. Sie ist das Ziel. Freundschaft entfaltet sich langsam. Sie entsteht nicht im Handumdrehen. Sie erfordert Feingefühl. Takt. Klugheit. Höflichkeit. Auch Diplomatie, das Ziel auf Nebenwegen zu erreichen. Freundschaft verträgt keine Eile. Wie eine Ehe mit der Hochzeit beginnt, um zu wachsen und zu reifen, so auch die Freundschaft. Beide Wege aber können über Wolken und Regenbogen in den Himmel der Ekstase führen.

Stille und Schweigen

Freundschaft macht sprachlos. Nicht in dem Sinne, dass man den Kopf schüttelt und nichts sagt, weil Anstand und Klugheit es verbieten. Nein, Freundschaft nimmt alle Worte hinweg. Sie steigt über die Worthülsen hinaus. Sie bewegt sich auf der Höhe, wo man leichter atmet und wo das Schweigen das laute Reden übernimmt.
Freundschaft ist Übereinkunft, gewonnen aus vielen Erfahrungen oder aus dem Willen eines bewussten Zueinanders. Eine solche Übereinkunft bedarf weniger Worte. Sie kommt aus der Stille und lebt aus dem Schweigen.

Wie man wählt

Wie finde ich einen Freund? Das ist schmerzliches Fragen vieler Menschen. Das ist Suchen der Sehnsucht und enttäuschtes Zurückziehen. Das ist Spiel der Träume und Warten auf ein Wunder. Das ist die geheime Mitte vieler Gebete und das Betteln der Herzen. Das ist heimliches Rinnsal der Tränen und unentwegtes Schreiten auf der Strasse der Hoffnung. Freundschaft ist kein Zwang. Keine Erpressung. Keine Last. Freundschaft ist freies Angebot. Freundschaft gehört zu den Kostbarkeiten des Lebens und ist daher zu suchen. Die Goldgräber fanden erst nach langen Mühen den Stein des Glückes.

Rhythmus und Spiel

Freundschaft ist jagender Rhythmus und leichter Reigen. Freundschaft ist aufregendes Spiel und gelöster Tanz. Freundschaft lacht zu schmetternden Fanfaren und träumt zur Flöte, die zart das Geheimnis anklingen lässt. Freundschaft lebt aus der verspielten Freude und holt aus dem Spiel tausend lustige Einfälle. Das Spiel gehört zum Menschen. Es wird mit einem Freund am schönsten. Das Spiel lässt einen herauskommen. Aus der Reserve. Aus der Ängstlichkeit. Aus der Schüchternheit. Aus der Enttäuschung. Das Spiel bringt Erholung und Spass.
Ohne Spiel bleibt sogar Sexualität unmenschlich. Ohne Spiel vermag die Zärtlichkeit nicht zu leben. Freundschaft findet im Spiel allein den richtigen Takt.

Zartgefühl und Zärtlichkeit

Freundschaft lebt aus dem Feuer, wie auch die Zärtlichkeit von geheimen Feuern gespeist wird. Freundschaft und Zärtlichkeit gehören zusammen. Sie sind Geschwister, weil sie die gleichen Eltern haben: Sympathie und Zuneigung, verbunden durch das Feuer der Liebe. In die Freundschaft gehört die Zärtlichkeit. Sie ist der äussere Ausdruck einer inneren Haltung. Sie ist ein Offenbarwerden einer ungeheuren Dynamik. Sie ist das leichte und schwere Spiel des Verliebtseins. Sie ist das grosse Segel am Schiff des Lebens, das vorantreibt. Sie ist der Glanz über allen Dingen und das Leuchten in den schönen Stunden. Zärtlichkeit ist stark und sanft, kraftvoll und tastend. Sie versucht, das Paradoxe zu vereinen. Sie ist sinnlich und geistig, verträumt und nüchtern, menschlich und göttlich. Zärtlichkeit ist intensivster Ausdruck in einer Freundschaft. Wenn der eine beunruhigt ist, muss der Freund ihn beruhigen. Ist er angespannt, muss der Freund ihn entspannen. Ist er verletzt, muss der Freund ihn trösten. Hat er Angst, muss der Freund ihn mit Heiterkeit erfüllen. Die Zärtlichkeit gehört zu den grossen Wundern des Herzens und des Geistes.

Im Gefängnis der Freiheit

Freundschaft ist ein zerbrechliches Gebilde. Missverständnisse und Fehler gefährden das Geschenk der Sympathie. Der Rauhreif des Misstrauens lässt die Zuneigung gar schnell erfrieren. Die grösste

Gefahr erwächst der Freundschaft aus den Barrieren des Egoismus. Die gewählte Freiheit einer Freundschaft wird hinter Gitter gesetzt. Freundschaft ist nie abgeschlossen. Nie vollkommen. Nie unfähig zu weiterem Reifen. Freundschaft ist Vorbedingung für menschliches Wachstum. Darum gehört zur Freundschaft immer wieder der Neubeginn.

Vertrauen und Geduld

Auch wenn Freundschaft die Sonne an ihr Wesen kettet und im Zauber des Lichtes Flügel der Freude sich wachsen lässt, wird sie dennoch oft in die Schranken von Argwohn und Misstrauen getrieben. In die Stunden der Ermüdung und der Aussichtslosigkeit. Sie dämmert elend dahin und ist zu Tode erkrankt. Erneutes Vertrauen und die Kraft der Geduld sind einzige Heilmittel. Geduld ist erneutes Ja zum anderen. Ist Annahme seiner Grenzen und seines guten Willens. Geduld ist Verzeihen und Ermunterung. Ist gemeinsam gezeigtes Interesse. Ist Wertschätzung der Eigenart des anderen. Geduld ist ein Umfassen der Einheit, nicht aber brutale Konformität. Geduld ist der hohe Preis, mit dem Freundschaft gehandelt wird. Aber ein solcher Preis lohnt sich.

Freundschaft und Begegnung

Freundschaft ist farbig und vielfältig wie die Welt, in der sie lebt. Sie wird bei einigen vom geheimen Feuer liebender Nähe gespeist. Sie kann sich bei anderen in sachlicher und doch angenehmer Kühle halten. Die einen brauchen die Blutwärme der Innigkeit, die anderen begnügen sich mit Briefen als Boten des Herzens. Die einen öffnen die Tür des Vertrauens für innerste Räume. Die anderen bleiben in kühlen Alleen des Lebens. Die einen brauchen die Gnade der Begegnung täglich, andere sind mit jährlichen zufrieden.

Die grosse Ausstrahlung

Ist Freundschaft nur eine Insel der Seligen? Ein Paradies für zwei? Ein Märchenschloss hinter einer Dornenhecke? Wer so Freundschaft ansieht, hat nicht viel von ihr verstanden. Freundschaft wirkt nach ausser Sie schliesst nicht in eine besitzergreifende Zweisamkeit ein. Sie ist keine Spiegelgalerie, in der man nur sich selbst sieht. Freundschaft bereichert und entfaltet. Die Freude über eine Freundschaft ist so gross, dass sie sich mitteilen muss. In jeder Freundschaft ist das Erlebnis gemeinsamer Stunden der springende Funke, der auf andere übergreift und sogar Tage und Wochen erhellt.

Verheissung und Zukunft

Freundschaft ist der einzige Weg in eine Zukunft, die menschlicher, vertrauenswürdiger, friedlicher und auch fröhlicher ist. Nur wer die Freundschaft liebt und wer in einer Freundschaft liebt, wird das Morgen bestehen. Er wird auch das Paradies finden. Hier auf Erden und in der Erfüllung des Himmels. Denn Freundschaft ist in alle Ewigke mit Gott verbunden. Sie ist seir feine Spur im Staub dieser Zeit Sie führt ohne Umwege ins Spiel seiner Liebe.